ADVERTISSEMENT
AVX PRINCES.
DE LA FACON
QVE SE GOVVERNENT,
LES PERES IESVITES.

Faict par vn Religieux vuidé
de passion.

Traduict d'Italien en François.

M.DC.XX.

QVe la Religion des Peres Iesuites ait esté plantée en la vigne de Christ par l'operation du S. Esprit, comme vn arbre qui deuoit produire l'antidote contre le venin des heresies, & telles fleurs d'œuures Chrestiennes & Religieuses, qu'-stans odorees des pecheurs, ils fussent contraints de laisser la puanteur des pechez pour suiure l'o-deur de la penitence, assez clairement le monstrent les loix & reigles auec lesquelles cette plante fut affermie par son premier Agriculteur le Pere Ignace d'heureuse memoire. Et certes ce pendant que de ces premieres peres, qui luy donnerent vie, elle fut arrousee auec l'eau de Charité, & cultiuée conformement à l'intention de son instituteur, elle produict deux rameaux: l'vn d'amour enuers Dieu, l'autre aussi d'amour, mais enuers le pro-chain, dont les fruicts qu'ils feirent furent grands à merueilles. En l'education tres-bonne des enfans. Au bain des ames, & en l'augmentation de la vraye foy Catholique.

Mais le diable qui se rend si subtil a destruire les œuures & entreprises Diuines autant qu'on tasche à les aduancer, prit occasion de la grandeur mesme de ceste Religion & de ses progrez, si qu'en peu de temps il fit merueilles de paruenir ceste Insti-tution, auec vn artifice de louange tres subtil. En lieu de ces deux premiers rameaux de Charité, comme estans deuenus secz: Il a enté l'vn de l'a-mour de soy-mesme, & l'autre de l'vtile: par les-quels la Chrestienté en a receu tel dommage, que possible n'y en peut auoir de plus grand: cóme ie mostreray en ce discours: auquel ie proteste a Dieu, n'estre point meu d'aucun interest, ny de passion mais seulement du desir du bien public, pour lequel ie me congnois estre né:& afin que leurs artifices estons cognus par les Princes, on puisse y apporter les remedes conuenables.

Il faut donc sçauoir que la Religion des Peres Iesuites pour estre fort accreuë,& particulieremét à cause de l'instruction de lo Ieunesse, dont il n'y a ville ne Royaume qui n'en ait besoin, fut de plusieurs endroicts recherchee quasi de son commencemeut,& fuuorisée de plusieurs Princes, si qu'en peu d'annees elle s'estendit plus loing que d'autres n'auoient sceu faire en plusieurs centaines. Ceste grandeur qui bien souuent induit dans les esprits changement de coustumes, a resueillé anx successeurs du Pere Ignace tel amour enuers la Compagnie, que la iugeant la plus vtile à l'Eglise de Dieu,& la plus propre pour la reforuation du monde, de toutes les autres, conclurent entr'eux de l'augmenter de tout leur pouuoir & industrie, & en icelle augmenter la vraye milice de Christ & le bien de l'Eglise, voire l'vnique patrimoine de Christ, pour me seruir de leurs termes.

Icy ma seroit besoing d'vne subtilité Aristotelique pour penetrer & d'vne eloquence Ciceronienne pour declarer la façon merueilleuse (qui a plusieurs pour la nouueauté semblera incroyable) auec laquelle ces Peres vont augmentant leur conpagnie. Mais il me suffira d'en monstrer quelque chose: laissant au iugement des autres de s'en former telle idee qu'ils penseront plus vray semblable Partant ie proposeray quelque chefs ou poincts qui seruiront au lecteur pour fondement de ses discours.

Premierement les Peres Iesuites ont pensé qu'ils ne pouuoient auancer leur compagnie a tel point de grandenr auquel ils aspirent, pour enseigner seulement, prescher administrer les SS. Sacremens, & autres tels semblables exercices religieux: parce que encores, comme i'ay dit , qu'ils fussent du comencement embrassez cherement de plusieurs, ils s'apperceurent pourtant par laps de temps, que ou pour estre mal satisfaits ou pour autres occasions qu'elles soient, l'affection de plusieurs se refroidissent enuers eux. Pourquoy craignans que presque de son enfance elle eust fait son dernier effort , ils ont trouué deux autres moyens pour l'agrandir.

Le premier est , de mettre en mespris toutes les autres Religions, tant enuers les Princes, que de tous tant qu'ils peuuent descouurant leurs imperfections, & auec d'exterité pat deprimer les autres procurer leur propre grandeur. Ainsi se sont saisis de plusieurs Monasteres, Abbayes & autres gros reuenus, en priuát par leurs rapports, les Religieux qui les possedoient auparauant.

Le second est de s'ingerer aux affaires d'Estat, & par ce moyen interressant la plus grande partie des Princes Chrestiens, auec la plus subtile & artificieuse façon qui iamais fut au monde, laquelle comme elle est difficile a penetrer, aussi est il quasi impossible de le declarer parfaictement.

Leur Pere General est continuellement resident à Rome auquel tous les autres rendent obeyssance tres-exacte, Aussi il a fait ellection d'aucuns Pe-

res lefquels pour l'affifter perpetuellement font
appellez affiftans : Et y en a au moins vn de chafque nation, dont pareillement il prend le tiltre:
tellement que l'vn s'appelle Affiftans de France,
l'autre d'Efpagne, le troifiefme d'Italie , le quatri-
efme d'Angleterre , le cinquiefme d'Autriche, &
ainfi de toutes les autres Prouince & Royaumes
Chafcun defquels a charge d'auertir le Pere General de tous les accidens qui arriuent en l'Eftat de
la Pouince ou Royaume dont il eft affiftant. Ce
qu'il fait par le moyen de fes correfpondant qui
demeurent en la ville principale de la mefme Prouince ou Royaume : lefquels auec toute diligen-
ce, fe vont iuformant de l'Eftat , de la qualité, du
naturel, de l'inclination de l'intentió des Princes.
Et par tous les courriers aduertiffenr les Affiftans
des accidens nouuellement defcouuerts ou nouuellement aduenus. Et ceux cy font incontinent le
tout fcouoir au Ceneral: lefquels affemblez en confeil , tous fes Affiftans font cóme vne Anatomie de
l'vniuers , propofans les deffeings ou interrefts de
tous les Princes Chreftiés. La deffus ils rapportent
au confeil tout ce qui leur a efté efcrit de nouueau
par leurs correfpondans : & les examinant dili-
gemmént & les conferans l'vn auec l'autre, fina-
lementilz concluent qu'on fauoriferales affaires
d'vn tel Prince & qu'on deprimera celles d'vn
autre, felon que porte leur interreft & vtilité, comme ceux qui regardent iouer , voyent plus facilement les coups que ne font pas les iouëurs mefmes, ainfi ces Peres cognoiffant les interrefts de
tous les Princes, fçauent fort bien obferuer les conditions des lieux & des temps , & appliquer les

vrais moyens pour fauor‚ſer les affaires d'vn Prince duquel ils pourront tirer leur interreſt.

Secondemét c'eſt vne choſe fort mauuaiſe, que
les Religieux ſe fourrent ſi auant dans les affaires
d'Eſtat qui deuroient s'employer & penſer au ſa-
lut de leurs ames & de celles des autres, s'eſtans
pour cela retirez du monde, & par ce moyen s'y
enfondrans plus auant que les ſeculiers ne font.
Mais à cauſe de quelques conſequences fort mau-
uaiſes, c'eſt vne choſe tres dangereuſe, & a quoy
il eſt beſoin d'apporter vn remede efficacieux.

Premierement, les Peres Ieſuites confeſſent vne
grande partie dn la Nobleſſe de tous les Eſtats Catholiques. Et pour y pouruoir mieux vaquer, leurs
confeſſeurs n'y veulent point receuoir les pauures
ſant hommes que femmes: & bien ſouuent ilz có-
feſſent les Princes meſmes. De ſorte que par ce
moyen il leur eſt facile de ſcauoir teus les deſſeings
toutes les reſolutions & toutes les inclinations,
tant des Princes que des ſubiets. Et auſſi toſt en aduertiſſent le Pere General, ou l'Aſſiſtant à Rome.

Secondement, Le ſecret eſt comme vn acci-
dent propre & inſeparable d'où s'enſuit la conſeruation d'vn Eſtat: de façon qu'eſtant oſté, indubi-
tablement il ſe ruine. Et pourtant les Princes ſont
tres rigoureux à l'encontre de ceux qui deſcouurét
leurs ſecrets, & les puniſſent comme ennemis du
Prince & de la Patrie.

Mais les Peres Ieſuites, aſſauoir les peres generaux
& aſſiſtant, par le moyen de leurs confeſſions &
conſultations que font leurs correſpondans qui
reſident en toutes les principales villes de la Chreſtienté, comme auſſi par le moyen d'autres leurs

Adherans (desquels nous parlerons cy dessouz)
sont entierement & par le menu infortunez de
toutes les deliberations qui se font aux plus secrets
Conseils: Et sauent mienx, par maniere de dire, les
forces, les reuenus , les despenses & desseings des
Princes, que les Princes mesmes. Et cela fait sans
autre despence que du port des lestres , lesquelles
au rapport de Maistres des Postes, reuiennent (ren-
dues à Rome) pour chascun Courrier à 60. 70.
80. & quelquefois à 100. escus dor Tellement que
cognoissant ainsi particulierement les affaires de
tous les Princes , mais entr'eux leur diminuant
l'authorité enuers d'autres Princes , & leur ostant
la creance enuers les Peuples, leur faire ennemi
qui il leur plaist, & faire sousleuer leur Estat : & ce
d'autant plus facillement , que par le moyen de
leurs cofessions & consultations ils penetrent le
dedans des Esprits des subiets, & sauent ceux qui
sont bien affectionnez au Prince & ceux qui en
sont alienez: Et par consequent par les rapports
qui leur sont faits des affaires d'Estat , ils peuuent
facilement semer la discorde entre les Princes , &
engendrer mille soupçons. Aussi par la congnois-
sance de la voulonté des subiets, il leur est aisé d'engendrer des troubles, & mettre en desunion, & mespris la personne du Prince : Dont on peut con-
clre, qu'il importe aux Estats, que pas vn Prince
ne s'y confesse: ni encores qu'il permette qu'aucun
de ses confidens, familiers, Secretaires, Conseillers
& autres leurs Principautez officiers se confessent
à personnes qui sont si attentifs à espier les affaires
d'estat, dont ils se seruent puis apres pour s'insi-
nuer en la faueur des Princes.

En troisiesme lieu afin desclaircir d'auantage ce que nous auons du iusques icy & dirons cy apres Il faut sçauoir qu'il y a quatre sortes de Iesuites.

La premiere est de quelques seculiers d'vn & d'autre sexe ioints a leur compagnie, qui viuent soubz vne certaine obeissance qu'ils appellent obeissance aueugle, se gouuernans en toutes leurs actione par le conseil des Peres Iesuites, & se rendans tresprops à tout ce qui leur est par eux commandé. Ceux-cy le plus souuent, se sont Gentils-hommes & Damoiselles mesmement vefues, citoyens & marchans des plus riches, desquels comme de plantes portans fruict, les Iesuites recueillent tous les ans des fruicts abondans d'or & d'argent. De ceste classe sont ces femmes qu'on appelle ordinairement Quietines, lesquelles sont induites par les Iesuites à mespriser le monde : Et par ce moyen attirent à eux leurs perles, habits, meubles de mesnages, & enfin tres-bon reuenus.

La seconde sorte est seulement d'hommes tant Prestres que laïcts, qui pourtant viuent auec le monde, qui bien souuent par la faueur des Iesuites obtiennent des pensions, Benefices, Abbayes & autres reuenus: mais ceux-cy ont vœu de receuoir l'habit de la compagnie au premier mandement qui leur en fera le Pere General, & pourtant s'appellent Iesuites de vœu. Du labeur de ceux-cy les Peres Iesuites se preualent merueilleusement pour le bastiment de leur Monarchie car ils les maintiennent en tous les Royaumes, Prouinces, Cours des Princes & grands Seigneurs, & qui les seruent comme il sera dit au 7. lieu. La 3. sorte demeurent dans les Monasteres tant Prestres que

Clercs

Clercs & Conuers : lesquels par ce qu'ils ne sont pas
venuz de leur profession susdite , en peuuent estre
chassez à la volonté du Pere Oeneral. Bien qu'à eux il
ne leur soit loisible de s'en depdrtir. Et ceux-cy comme n'ayans charge de consideration , obeissent sim-
plement a ce que leurs superieurs leur commandent

La quatriesme sorte est, des Iesuites Politics : En la
puissance desquels est le gouuernement de la religion. Ce sont ceux-cy qui tentez du diable auec la té-
ration qu'eut Iesus-Christ au desert. Hæc omnia tibi
dabo, ont accepté le party & se trauaillent pour amener leur compagnie a vne parfaite Monarchie, & luy
donner commencement par Rome ou concurrent
tous les principaux affaires de la chrestienté ; La est
resseant le chef de ces Politics qui est leur general,
auec autres en fort grand nombre de la mesme profession, lesquels desia informez par leurs espions &
relations de tous les plus grans & importans affaires qui se traictent en la cour de Rome, (ayans premierement conclu de l'issue qu'ils y desirent pour
leur propre interest) ne font tout le iour que se
pourmener par les cours des Cardinauu , Ambassa-
deurs & Prelats , auec lesquels s'estant d'extrement
insinuez , ilz parleeonn de l'affaire qui pour lors se
traicte, ou qu'on doit bien tost traicter , & le leur re-
presentent en telle foçon qu'il leur plaist, & en telle
forme qu'ils l'ont conceu , ne regardans qu'à leur
propre vtilité, changeans bien souuent la face des
choses, & monstrans comme l'on dit , le noir pour le
blanc. Et d'autant que les premiers rapports faicts
particulierement par des Religieux, ont accoustumé
de faire notable impression dans l'esprit de ceux qui
en sont touchez, De la vient que bien souuent, des

affaires de tref grande importance traictez par le moi
des Ambaffadeurs de Princes & d'autres graues per-
fonnages de la cour de Rome, n'ont pas eu telle iffue
que defiroyénu les Princes, parce que les Iefuites a-
uoyent preocupé les Efprits auec leurs interefts &
rapports, faifant que ces Ambaffadeurs ou Agens
n'auoient pas tant de creance.

Et ces mefmes artifices dont ils vfent auec les Prelats de Rome, ils font auffi auec les Princes, ou par
eux mefmes, ou par le moyen des Iefuites de la fecon
de forte hors de Rome. De forte qu'on peut conclu-
re, que la plus grande partie des affaires de la chreftié
té paffent par les mains des Iefuites: & celles la feulement reuffiffent aufquelles ils ne font point oppo-
fez Façon admirable & prefque impenetrable comme ils s'y gouuernent: Pourtant ne la puis-ie parfaicte
ment defcrire: Mais elle pourra eftre cognue au vif
par chafque Prince qui daignera lire ce que i'en tou-
che fommairément: Par ce qu'il fe reprefentera incontinent les chofes paffées, Et comme il cognoiftre
la verité de mon difcours, ainfi fe reduifant en memoire l'artifice auec lequel elles furent traictées, Il
la trouuerra encores plus grande & admirable qu'on
ne peut dire. Qui plus eft ne fe contentans pas de cet
artifice fecret entr'eux dont ilz vfent pour s'entre-
mettre en tous les affaires du monde, fe perfuadans
que ce foit le feul moyen pour paruenir à cefte puiffa
ce monarcale qu'ils defirent, Ils requirent par cy de-
uant la Sainéteté de Gregoire XIII. de vouloir fauori-
fer ouuertement leur deffeing, luy reprefentant fous
couleur du bien general de Mere Saincte Eglife, afin
qu'il commendaft a tous les Legats & Nunces Apof-
toliques, que pour compagnon & confident ils pri-

sent quelque Iesuite, par le conseil duquel ils se gou-
uernassent en toutes leurs affaires.

En quatriesme lieu. Par le maniement & cognois-
sance des affaires d'Estat, les Principaux Iesuites ont
acquis l'amitié de plusieurs Princes & temporels &
spirituels, ausquels ils ont fait croire, auoir dict &
iaict plusieurs choses pour leur aduantage & profit:
dont sont ensuiuis de grans inconueniens. Premierement. Qu'abusans de l'amitié & bonté des Princes
ils n'ont point craint d'offenser plusieurs familles
priuées, & riches & nobles, se saisissent des biens &
richesses des vesues, en laissant leurs parens en ex-
trême misere: Attirant à leur Religion les plus beaux
Esprits de ceux qui vont à leurs escoles. Et bien souuent si auec le temps ils deuiennent inhabiles ou par
maladie ou autrement, ils les renuoyent sous qulque
honneste couleur: mais pourtat retiénent à eux leurs
moyens, desquels ils se font faicts declarer heritiers
quand ils firent profession: Et excluent entierement
les pauures de leurs Escoles, contre les regles du Pere
Ignace, & l'intention des Seigneurs qui leur ont bai-
lé les reuenus pour cet effect. Parce que encores qu'e
cela seruist au bien de la Chrestienté, il ne seruiro t
pas à leur interest.

Le second inconuenient est, Que ces Peres artifi-
cieusem ent font cognoistre au monde, l'amitié & fa-
miliarité qu'ils ont auec les Princes, & les represétát
encores plus grandes qu'elles ne sont en effect, afin
d'attirer à leur amitié tous les Officiers, & faire que
tous aillent à eux ponr les faueurs : Aussi sont van-
tez publiquement qu'ils pouuoyent faire des Cardinaux, Nonces, Lieutenans, Gouuerneurs, & autres
Officiers. Mesmes aucuns ont dit & affermé, que leur

Generol peut beaucoup plus que le Souuerain Pontife. D'autres ont adiousté, qu'il est meilleur d'estre de ceste Religion qui peut faire des Cardinaux, que d'estre Cardinal. Et toutes ces choses se disent publiment, qu'il n'y a quasi personne qui conuerse auec eux familieremeut à qui ils en ayent parlé.

En cinquiéme lieu, Se confians en l'experience qu'ils ont aux affaires d'Estat, ils pretendent de pouuoir fouoriser qui bon leur semblera, & abaisser ceux qu'il voudront. Et se seruant du manteau de la Religion afin qu'on les croye, sont bien souuent paruenus à bout de leur intention. Mais quand ils proposent à vn Prince quelqu'vn de ses suiets, il ne font pas élection de celuy qui seroit le plus propre, & qu'il le meriteroit mieux: au contraire s'y opposent, quand ils cognoissét qu'il n'est pas de leur party: & tousiours y poussent des personnes qui se portent à leur interest, sans ce soucier qu'il soit bien affectionné au Prince, ou qu'il l'ait merité, ou qu'il soit propre en la charge à quoy ils le poussent. Dont bien souuent en arriue de grands destourbiers aux Princes, auec des souleuement & degousts des peuples.

En sixiéme lieu, Comme le Comire cognoissaut que le vent souffle fauorablement pour voyager, à vn coup de sifler qu'il doonne, tous les Galiots tirent à l'auiron pour adnancer la Galere: ainsi quád aux dietes ou assemblees que font ces Peres iournellement, il est approuué par le Pere General & ses assistans à Rome que c'est leur profit, qu'vn tel du peuple soit admis à quelque charge & dignité. Le Pere General en aduertit les autres qui sont resseás ailleurs. Et tous unanimemétpresque en mesme temps font tout leur effort afin que cetuy-la obtienne la dignité à quoy ils

le veulent esleuer. Or seroit-il ingrat si il ne seruoit
par apres les peres Iesuites de mesme affection qu'ils
l'ont fauorisé. Et comme cestuy-là ou ceux-là (car
les peres Iesuites en ont plusieurs de ceste sorte qui
dependent d'eux) se sentent ples obligez aux Iesuites
qu'à leur prince desquels ils ont receu le bien-faict &
grandeur, aussi de plus grande affectioe s'emploient
ils pour l'interest des Iesuites que pour celuy de leur
prince. Ainsi on trompe les princes, qui pensans a-
uoir acquis vn seruiteur fidelle, ont donné entrée à
vn Espioe de Iesuites, duquel bien souuent ils se seruent au dommage mesme du prince qui l'à aggrandi.
Ie qourrois auec des exemples assez clairs monstrer
ce qui a esté iusques icy discouru, n'estoit que l'experience & la voix commune le tesmoigne assez. Mais
pour ne me rendre par trop ennuyeux, ie passeray
outre, concluant que cela est possible la cause pourquoy les Iesuites ont de coustume d'appeller leur Religion vne grande Monarchie parce qu'ils gouuernent les princes & leurs officiers à leur mode. Et n'y
a pas long temps qu'vn des principaux d'entr'eux
parlant en public auec vn Grand, commença par ces
paroles plaines d'ogueil, & fondees sur penser d'e-
stre Monarques. Nostre compagnie a tousiours eu
bonne intelligence auec vostre serenité, &c.

En septiesme lieu. Ces peres font tout ce qu'ils
peuuent pour faire cognoistre au monde, que tous
ceue qui sont recognuz & aduancez par le prince en
quelque sorte que ce soit, y ont esté portez & fauori-
sez par eux. Et par ce moyen ils se rendent les suiects
plus affectionnez qu'à leurs princes mesmes. Ce qui
est de grand preiudice au prince. Car il importe gra-
dement à vn Estat, que Religieux si ambitieux & po-

kiics, ne ſoient tellement maiſtres de la volonté des
Officiers, que quand ils voudront ils puiſſent cauſer
vne trahiſon ou ſouſleuement. Et encores par ce
moyen, aſſauoir par l'aide de ces Officiers leurs adherans, ils introduiſent au ſeruice des Princes, ou pour
Conſeillers ou pour Secreatires, de ces Ieſuites de
vœu, dont eſt parlé cy deſſus : Et puis ceux-cy font
que le Prince ſe ſerue de quelque Ieſuite pour Con-
ſeſſeur ou predicateur : & tous enſemble ſeruent
d'Eſpions au pere General, lequel ils aduertiſſent par
le menu de tout ce qui ſe traicte aux conſeils ſecrets.
De là il arriue que bien ſouuent on void les deſſeings
eſtre preuenus, & que les ſecrets de plus grande importance ſont deſcouuerts, ſans en pouuoir ſçauoir
l'Autheur, & bien ſouuent on ſouçonne ceux qui en
ſont les moins coulpables.

En huictieme lieu. Comme ordinairement les
ſubjects s'accouſtumét de ſuiure l'inclination de leur
prince ainſi tous ceux qui obeiſſent au pere General,
voyant qu'il s'occupe du tout aux affaires d'Eſtat, &
taſche par ce moyen d'accroiſtre & enrichir la compagnie. Eux auſſi s'y appliquent, & ſe ſeruans de l'ay-
de de leurs parens & amis, cerchent de pouuoir cognoiſtre le cœur des princes, & ſes plus ſecrets deſ-
ſeins, pour en aduertir les Aſſiſtans de Rome, ou le
pere General, afin de ſe mettre en ſa grace, & en tirer
quelque dignité, qui ne le pourroit autrement obte-
nir : parce qu'entr'eux les offices & charges d'importance ne ſe donnent qu'à ceux qu'ils cognoiſſét propres à aduancer la Compagnie, pour paruenir à ceſte
grandeur où ils aſpirent, & que par conſequent ils ne
ſe facent cognoiſtre ſuffiſans aux affaires d'Eſtat.

Pour le neufieme. Comme de diuerſes fleurs &

herbes, par force d'alambic on en tire de l'vnguent
propre a guerir les playes mortelles : & de diuerses
fleurs les mousches tirent le miel, ainsi des apuis tres-
certains qu'ont les peres Iesuites de toutes les affaires des Princes, & de tous les accidens qui arriuent
en chaque Estat, ils en bastissét auec la force du difcours ce qu'ils iugent propre pour guerir la playe
presque incurable de l'insatiable desir de s'agrandir,
& en tirent vne certaine science pour leur proffit, a-
uec laquelle, tant du bien que du mal d'autruy, mais
plus souuent du mal que du bien, ils viennent a bout
de leur desseing. La ils mettent les Princes sur les
rengs, comme on dit, desquels cognoissant desia les
Esprits & proiects, leur disent qu'ils ont de tresbons
moyens pour faire reussir leur intention, & effectu-
er ce qu'ils desirent. Mais quand par ce moyen ils en
ont tiré ce qu'ils pretendoyent, considerans puis a-
pres que l'excessiue grandeur de ce Prince leur pourroit quelque iour preiudicier, alongent le plus qu'ils
peuuent l'effect de cet affaire, comme les Aduocats
font les causes, & puis auec d'exterité & artifice estra-
ge tournent les cartes & ruynent entierement les deffeings ausquels ils auoient dónné commencement.
La ligue de France, faicte & conclé par eux, & apres
abandonnée quand ils virent prosperer le party du
Roy. L'Angleterre tant de foy promise aux Espagnols, & cent de ceste façon confirment assez mon
discours, qu'il n'est besoin de plus grande preuue.

    Dixiéme. Il s'enfuit des choses cy deffus, que les
Peres Iesuites n'ont point de droicte affection enuers
aucun Prince temporel ou spirituel, quel qu'il soit,
mais seulement le seruent comme leur Interest les
porte : Et au contraire il s'ensuit, que nul Prince &
encores moins les Prelats ne se peuuent seruir d'eux

parce que se monstrans en mesme temps egalement
affectionnez à tous, se faisans François auec les François, Espagnols auec les Espahnols, & ainsi des autres
nations, selon que l'occasion le requiert, pourueu
qu'ils en tirent profit, n'ayans aucun esgard s'ils pre-
iudicient plus à l'vn qu'a l'autre: Et partant les entreprises ausquelles les Peres Iesuires s'e sont entremes-
les, ont bien peu souuent eu bonne issuë: D'autant
que n'ayans pas intention de seruir plus que porte
leur propre interest, (& en cela l'artifice dont ils v-
sent est tresgrand.) Ancuns d'eux feignent d'estre
tres-affectionnez à la couronne de France, autres
d'Espagne, autres de l'Empereur, & ainsi des autres
Princes, desquels ils desirent la faueur pour s'aduancer. Et si quelqu'vn de ces Princes se veut seruir en vn
affaire de quelque Iesuite auquel il se confie, incon-
tinant ils aduertissent le Pere General de l'affaire
qu'il a à manier, & en attend la response, ensemble
l'odre qu'il y faut tenir. Et se gouuerne conformemét
à cela? ne se souciant point si l'instruction que luy
baille le Pere General est conforme à l'intention du
Prince qui luy a donné la charge de cet affaire, mais
pourueu que la Compagnie soit bien seruie, ils ne se
soucient gueres du seruice du Prince.

Dauantage parce que les Iesuites cognoissent &
sauent toutes les affaires des Princes, estaus tres bien
aduertis de tout ce qui se traicte de iour en iour és
plus secrets conseils: ceux qui feignent de tenir pour
la France, proposent au Roy & à ses principaux officiers, certaines conditions d'Estat & considerations
asses importantes que les Peres Politiques leur
ont mandé de Rome: Le mesme font en Espagne ceux qui se monstrent affectionnez a ceste

cou-

couronne-la : & ainſi des autres. Et à cauſe de cela
prouient vne telle deffiance en l'eſprit des Princes
Chreſtiens que l'vn ne ſe fie plus de l'autre. Ce qui
eſt grandemenr preiudiciable au repos public, & au
bien general de la Chreſtienté : D'autant que par
telle deffiance, il eſt tres difficille de conclurre vne
ligue contre l'ennemy commun : & ſe ſoucie-on
bien peu de la paix entre les Princes.

De plus auec ces façons ſi artificieuſes , ils ont
tellement ouuert les yeux au monde, & l'ont ren-
du ſi ſubtil aux affaires d'Eſtat, qu'auiourd'huy (au
grand preiudice de Saicte Egliſe) on ne s'eſtudie à
autre choſe : & toutes les actions ſe peſent à ceſte
balance. Mais qui pis eſt, les heretiques meſmes ſe
ſont reſueillez par l'artifice des peres Ieſuites , &
l'ont fort bien apriſe: & maintenant a noſtre dam,
s'en preualent auec les Princes qui les maintiennent : de ſorte qu'en lieu qu'ils eſtoient premierement Lutheriens , & pouuoit-on que que iour eſ-
perer qu'ils ſe retourneroiét de leurs erecurs main-
tenan ſont deuenus Atheiſtes & politiques, tres-
difficiles à conuertir, Dieu n'operant pas miracu-
leuſement auec eux.

Ie ne vaux pas icy paſſer ſous ſilence, afin qu'on
cognoiſſe la ruſe des Ieſuites, & le moyen par lequel ils cherchent de s'obliger les Princes. Qu'il y
a quelque temps qu'vn de leur pere Aſſiſtant d'An-
glererre, aſſauoir le Pere perſouius, eſcriuit vn liure contre la ſucceſſion du Roy d'Eſcoſſe à la Couronne d'Angleterre, & vn autre pere nommé Cri-
tonius auec d'autres de la meſme Religion, deffen-
dirent par vn autre liure par eux compoſé : les raiſons du Roy d'Ecoſſe, refutant l'opinion du pere
perſonius : feignans d'eſtre bien contraires , com-

bien que le tout euſt eſté faict artificieuſement &
par l'aduis de leur pere General, afin que quiconque
que euſt ſuccedé au Royaume d'Angleterre, leur
ſeruiſt pour aduancer grandement leur Compagnie,
gnie, & en tirer lenr intereſt.   Tellement qu'on
peut facilement comprrndre, que les Princes ſont
l'obiect de toutes les determinations & actions
des peres Ieſuitee , & par conſequent eſt veriffié
ce qu'ils diſent, Que leur Religion eſt vne grande
Monarchie.

Vnze, Qu'il ſoit vray que les Ieſuites ne ſe ſou-
cient point de faire choſes qui ſoient agreables ou
d'eſplaiſantes aux Princes, quand il y va de leur Intereſt, encores que l'experience de pluſieurs choſes
enſuiuies le monſtre clairement comme le Soleil
eſcleire : Ce que maintenant i'adiouſteray rendra
la choſe tres manifeſte.

Il n'y a au monde perſonne à qui ils ſoient plus te-
nus d'obeir & ſeruir qu'au ſouuerain Pontife: tant
pour infinies raiſons que principalement pour le
vœu particulier qu'ils font d'obeir à ſa perſonne, &
neantmoins n'ont pas voulu obeyr à Pie V. pontife tres-ſainct & tres louable , qui illuminé du S.
Eſprit voulut vn peu reformer ces peres les redui-
ſaut à officier au Chœur , & faire profeſſion de la
meſme ſorte qu'ont accouſtumé les autres Religieux: parca qu'il leut ſembloit que cela leur ſeroit
de grand preiudice. Et meſmes ſi peu qui ſe tranſ-
gerét à la volonté du Souuerain pontife & accepte-
rent la profeſſion, furent par eux appellez, Quin-
tins & iamais pas vn de ceux-la n'a peu môter à aucun degré. En la meſme façon s'oppoſerent-ils au
glorieux S. Charles Archeueſque de Milan, qui cô-
me Legat a Latere de ſa ſain[illegible]eté, deſiroit les redui-

te a vne difcipline Religieufe. Mais quoy? Auffi
peu obeirent ils aux Sainɛ̃ts Canons, pour ce que
contre leurs Decrets, ils font marchandifes de perles, Rubis & Diamans qu'on apporte d'Indie. Et
a on opinion que la plus grand part des pierres pre
cieufes qui fe vendent à Venife, foyent aux Iefuites
laquelle opinion a efté femée par ceux de qui ils fe
font feruis & feruent de Courriers.   Qu'ils ne fer-
vent pas fidelement le Souuerain pontife, ces mefmes peres le fauent, qui pour cet effeɛ̃t fureut appellez a Rome & procedé contr'eux. Ie ne les xeux
ny ne puis nommer, ny m'eftendre d'auantage en
cela, pour n'eftre contrainɛ̃t à m'engager de parler de quelque prince a qui mon difcours ne plai-
roit pas beaucoup, lefquels ie defire de feruir tous
fans en offenfer aucun: & auffi que ie n'enten pas
faire icy vne victime contre les Iefuites, lefquels
d'ailleurs i'honnore & reuere: mais feulement pour
efbaucher fommairement leurs façons & manieres.

   Douze. Comme on void par fois vne perfonne
affligee de maladie dangereufe, iettant des cris la-
mentables qui vont iufques au Ciel, chacun xoid
que cefte perfonne la eft griefuement indifpofee,
mais on ne peut pas difcerner a caufe & fource du
mal: Ainfi tout le monde fe pleinɛ̃t des Iefuites: qui
par eftre par eux perfecuté: qui pour eftre infidele-
ment feruy: mais toufiours le mal continuë, & n'en
cognoift on pas aifément la caufe, qui eft le grand
& demefure defir qu'ils ont de s'agrandir: a caufe
dequoy, ils n'ont aucun fouci de degoufter l'vn plus
que l'autre: de fe mocquer des princes: opprimer
les pauure: rauir les biens des veufues, & riuner les
familles bié que nobles: & bié fouuent faire engendrer des foupçôs & defpits entre les princes Chre-

ftiens, pour fe vouloir mefler de tous les plus grãds
affaires. Or comme, il ne feroit pas conuenable
que la partie la derniere formee en la nature, pour
feruir d'inftrument aux autres qui font les principales, attiraft pour foy le fang le plus pur & les efprits
vitaux, parce qu'en cefte maniere le compofé fe
diffoudroit: auffi n'eft il pas raifonnable que la Religion des Iefuites, qui a efté adioincte au corps de
SaincteEglife pour luy feruir de moyen a couuertir
les heretiques, & ramen er les pecheurs a repenea-
ce, tire a foy tous les plus grands & importans affaires des princes & prelats, pour en extraire les efprits vitaux de fes interefts & s'appliquer le tout:
parce que par ce moyen le repos public & priué fõt
troublez, plufieurs fubiects font opprimez, dignes
d'eftre exaltez, & d'autres font efleuez, qui merite-
royent d'eftre abbaiffez, & plufieurs autres inconueniens qui en naiffeut.

Ie pourois icy amener infinies raifons prifes de
l'experience, pour monftrer combien le defir de
s'agrãdir eft demefuré aux peres Iefuites: mais maintenant il me fuffiira de le faire paroiftre par les paroles mefmes du pere perfonius, efcrites en fon
liure compofé en Anglois, intitulé la reformation
d'Angleterre: ou apres auoir blafmé le Cardinal
pol (prelat d'eternelle memoire pour la vertu &
faincteté, & pour auoir bien merité de Saincte E-
glife) & auffi marqué quelques deffauts & imperfections au Sainct Concile de Trente, finalement
conclud, que quand l'Angleterre retournera a la
vraye foy Catholique il la veut reduire a l'eftat &
forme de la primitiue Eglife, mettant en commun
tous les biens Ecclefiaftiques & commettant la
charge a fept fages comme font les Iefuites, afin

qu'ils les diſtribuent comme il leur ſemblera plus
expedient. Et ne veut, ains defend ſous de grandes
peines, qu'aucun Religieux de quelque ordre
que ce ſoit, ne retourne en Angleterre ſans leur
permiſſiod, Eſtans reſolus de n'y en laiſſer entrer
ſinon ceux qui viuent d'aumoſnes. Mais parce que
l'amour de ſoy-meſme le plus ſouuent aueugle l'hó-
me, & quelque ſage qu'il ſoit deuient imprudent.
Ainſi eſt-ce choſe ridicule ce que le pere adiouſte:
Que quand l'Angleterre ſera reduite a la vraye ſoy
il n'eſt pas bon que le pape prene aucune choſe des
Benefices Eccleſiaſtiques, au moins par cinq annees, remettant le tout entre les mains de ces ſept
ſages, afin qu'ils le diſpenſent comme ils iugeront
eſtre plus vtile r l'Egliſe : Deſſeignans qu'apres les
cinq premiers annees, auec autres inuentions
dont ils ſont fort abondans de ſe faire reconfermer
le meſme priuilege pour cinq autres annees : & có-
tinuer iuſques a tant qu'ils excluent entierement
de l'Angleterre, la Sainéteté de N. S. Or qui ne voit
icy comme en vn tableau viuement depeinte l'am-
bition & conuoitiſe inſatiable des Ieſuites, auec le
grád deſir de faire Monarques. Qui ne void auec
combien d'artifices ils s'efforcent d'aduancer leurs
affaires ne ſe ſoucians du bien ou du dommage
d'autruy ; Et quoy du temps de Gregoire XIII. ne
luy requirent-ils pas d'eſtre inueſtis de toutes les E-
gliſes parrochiales de Rome, pour commencer de
la leur Monarchie? Et ce qu'ils n'ont ſçeu gaigner a
Rome, l'ont finalement obtenu en Angleterre : ou
dernieremét ils feirent eſlire vn Archipreſtre Ieſuite de vœu, qui en lieu de proteger les gens d'Egliſe
comme Loup enragé perſecute les preſtres qui ne

dependent pas des Iesuites : & les iette en desespoir
les empeschans soubs griefues peines de pouuoir
parler ensemble. Et desia presque tout le Clergé
Anglois est Iesuite de vœu : & n'en reçoit on plus
aucun aux Colleges qui n'ait promis d'estre Iesuite:
Tellement que quand ce Royaume la retournera à
l'ancienne foy, l'Angleterre donnera commencement à vne reelle Monarchie Iesuitique, parce que
tous les reuenus Ecclesiastiques, toutes les Abayes,
Benefices, Eueschez, Archiprestrises & autres di-
gnitez seulement conferez par les Iesuites.

Il est bien vray (ce que ie dy en pleurant) qu'auiourd'huy fort peu d'heretiques se conuertissent,
principalement en Angleterre, parce (comme i'ay
dict) que l'ancien Clergé est quasi tout esteinct, qui
y faisoit tres-grand fruict, encores que les Peres Iesuites s'attribuent le tout, qui s'occupent plus à leur
propre interest, qu'au salut des ames. En outre, les
heretiques voyans comme les Iesuites oppriment
les Prestres Catholiques, & sont tellement haïs à
cause des artifices dont ils vsent, plusieurs ne se conuertissent pas, de peur d'estre si cruellement traictez
par eux. Ie laisse icy plusieurs choses, & des preten-
sion, qu'ils proposent sur l'estat des autres, pour se
monstrer affectionnez à vn Estat & desireux de sa
grandeur: & de la grace qu'ils procurent de s'acque-
rir d'vn Prince, en luy faisant croire, qu'ils ont les
peuples du tout à leur deuotion, & par consequent
qu'ils les rendront bien affectionnez à sa personne:
les laissant là comme choses euidentes, & que chacun peut bien cognoistre. Ie concluray le present
discours auec quatre considerations.

La premiere, Que gens de si grand esprit, & qui
ont si grands desseings sont touliours amateurs de

noûueautez, & les vont recherchans, & les font
naiſtre : parce que par le moyen des mouuemens
noûueaux qui ſuruiennent, ils peuuét venir à bout
de leur intention : ſe faiſant voye par les armes de
ces intereſts, auſquels nous les auons veus ſi bien
employer. Et pourtant à vn Prince qui aime la paix
& la conſeruation de ſon Eſtat, les Ieſuites ne ſont
point propres : mais au contraire, peuuent eſtre
de grand deſtourbier, & en danger de mettre ſon
Eſtat en compromis, s'il ne fauoriſe ceux qui y de-
mourent, & ne ſe gouuerne par leur conſeil.

La deux-ieſ&e. Que ceux qui n'ont aucune juriſ-
diction temporelle, & neantmoins cauſent de ſi grãds
troubles au monde, que ſeroit-ce ſi vn d'eux par ha-
zard eſtoit fait Pape ? Premierement il rempliroit
le Conſiſtoire de Ieſuites, & par ce moyen il feroit
que le Papat ſeroit perpetuel entre leurs mains.

Secondement. Se gouuernans par leurs intereſts,
& ayans le pouuoir du Pape, ils pourroient mettre
en danger l'Eſtat de pluſieurs Princes, notommét
des plus proches & voiſins.

La troiſieſme. Ce Pape là taſcheroit par tous
moyens d'inueſtir leur Religion de quelque Ville
ou Iuriſdiction temporelle, par le moyen de laquelle ils feroiét puis apres mille autres deſſeings, qu'ils
ne pourroient executer qu'au dommage des autres
Princes.

La quatrieſme. Quand le Conſiſtoire ſera remply
de Ieſuites, tout le patrimoine de Chriſt ſera en
leurs mains. Et comme l'hydropique, qui tant plus
boit, plus la ſoif luy croiſt : ainſi eſtes faicts plus aui-
des auec la grãdeur, ils cauſeront infinis troubles.
Et d'autant qu'il n'y a rien ſi ſubject à changemens
qu'vn Eſtat, ces peres auec tous leurs artifices &

force procureroient des changemens pour finalement former leur Seigneurie, & par ce moyen se
faire Monarques de fait. Ils sont encores apres de
receuoir entr'eux quelque fils de prince qui les in-
uestisse de son Estat: Et des-ia fussent venus à bout
de leur desseing, si on ne se fust apperceu de leur intention, & ne s'y fust on opposé. Mais alors sans
difficulté ils se rendroient Seigneurs; de l'Estat Ec-
clesiastique. Et côme ils sont fins, accorts & subtils,
ils inuenteroient mille pretensions pour l'amplifier
& ne manqueroient point de moyens pour accom-
plir leur intention. Et quand bien il n'en arriueroit
autre chose, le soupçon qu'ils engendreroient en
l'esprit des princes mesmement des voisins, n'est pas
de legere condition.

Il est donc necessaire; que pour conseruer la trã-
quilité publique, pour maintenir les Estats, pour
l'augmentation de Saincte Eglise, pour l'vtilité de
tout le monde, que la saincteté de uostre Seigneur
Paul V. auec l'aide des autres princes Chrestiens,
mettre quelque reigle a ceste Compagnie, qu'il ne
leur aduienne ce qu'anciennemét il'arriua aux Iuifs
les menees desquels il semble que les peres Iesuites
imitent qui furent en fin destruits au téps de l'Empereur Claudius.

Et quand on me commandera de mettre mon
aduis par escrit touchant le remede propre pour
reigler ces peres sans les offenser, au contraire,
pour leur grand bien, les voulans faire absolus Monarques des ames, qui est le tresor de Christ, & non
pas du Monde, ou des interests du Monde qui n'est
que fange tres vile, ie m'offre de le faire auec charité, & auec toutes les facultez qu'il a pleu au Seigneur me departir.　　　　　*Louange à Dieu.*